1904 (Janvier 29-30)

COLLECTION

De feu M. Henry MAHOÛ

OBJETS D'ART

ET DE

HAUTE CURIOSITÉ

TABLEAUX — LIVRES

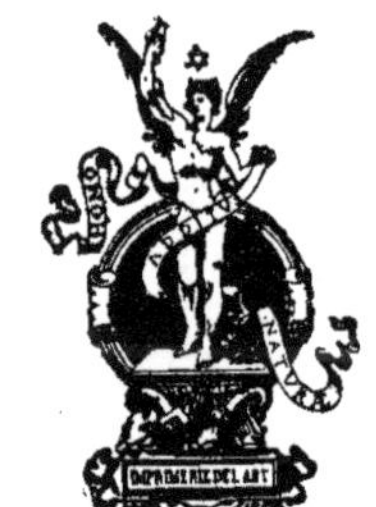

CATALOGUE

DES

OBJETS D'ART

ET DE

HAUTE CURIOSITÉ

DU MOYEN AGE ET DE LA RENAISSANCE

FAIENCES ET PORCELAINES

OBJETS VARIÉS, ÉMAUX CHAMPLEVÉS, DINANDERIE

BOIS SCULPTÉS — PIERRES

BRONZES — MEUBLES — TAPISSERIES

TABLEAUX, LIVRES

Composant la Collection de feu M. Henry MAHOÛ

ET DONT LA VENTE AURA LIEU, PAR SUITE DE SON DÉCÈS

HOTEL DROUOT, SALLE N° 11

Les Vendredi 29 et Samedi 30 Janvier 1904

à deux heures

COMMISSAIRE-PRISEUR

Me PAUL CHEVALLIER, 10, rue Grange-Batelière

EXPERTS

Pour les Objets d'art :	*Pour les Livres :*
MM. MANNHEIM	**M. A. DUREL**
7, rue Saint-Georges	21, rue de l'Ancienne-Comédie

EXPOSITION PUBLIQUE

Le Jeudi 28 Janvier 1904, de 1 heure 1/2 à 5 heures 1/2

CONDITIONS DE LA VENTE

La vente sera faite au comptant.

Les acquéreurs paieront *dix pour cent* en sus des prix d'adjudication.

L'exposition mettant le public à même de se rendre compte de l'état et de la nature des objets, il ne sera admis aucune réclamation, une fois l'adjudication prononcée.

Paris. — Imp. de l'Art, E. Moreau et Cie, 41, rue de la Victoire.

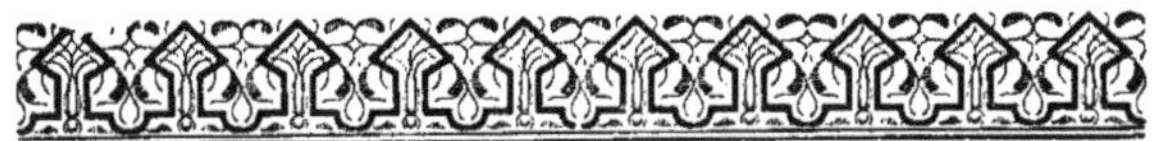

DÉSIGNATION

LIVRES

1 — Les Provinciales où les lettres escrites par Louis de Montalte (Blaise Pascal) à un Provincial de ses amis, et aux R. R. P. P. Jésuites ; sur le sujet de la morale et de la politique de ces pères. *A Cologne, chez P. de la Vallée,* 1657, pet. in-12, mar. brun, dos orné, fil., doublé de mar. rouge, large dent. à petits fers, tr. dor. (*Raparlier.*)

Jolie édition imprimée par les Elzéviers d'Amsterdam.

Première édition sous cette date.

2 — Choix de chansons, mises en musique par M. de La Borde, ornées d'estampes par J.-M. Moreau. *Paris, de Lormel,* 1773, 4 vol. gr. in-8°, front., fig., texte et musique, gravés, mar. rouge, dos ornés, mil. dor., dent. int., tr. dor.

Bel exemplaire.

4 frontispices et 100 figures, par Moreau, Le Bouteux et Le Barbier, gravés par Moreau, Masquelier, Née, etc.

3 — Les Comédies de Térence, avec la traduction et les remarques de Mme Dacier. *Rotterdam*, 1717, 3 vol. in-12, fig., mar. rouge, dos ornés, fil., tr. dor.

Très bel exemplaire, dans une jolie reliure de Derome, provenant de la bibliothèque de M. Double.
1 fleuron, 1 frontispice par Bernard Picard, 1 vignette avec le portrait de Térence et 48 figures par Bernard Picard.

4 — Le Misantrope, comédie par J.-B.-P. de Molière. *A Paris, chez Jean Ribou*, 1667, in-12, de 12 ff., prel., y compris le front. et 84 pp., mar. bleu, dos orné, fil., tr. dor. (*Bauzonnet-Trautz.*)

Édition originale.

5 — Amphitryon, comédie par J.-B.-P. de Molière. *A Paris, chez Jean Ribou*, 1668, in-12 de 4 ff. prél. et 88 pp., mar. rouge, dos orné, fil. à froid, tr. dor. (*Trautz-Bauzonnet.*)

Édition originale. Bel exemplaire.

6 — Le Bourgeois Gentilhomme, comédie-ballet, faite à Chambort, pour le divertissement du roy, par J.-B.-P. de Molière, *Et se vend pour l'autheur, à Paris, chez P. Le Monnier*, 1671, in-12 de 2 ff. prél. et 164 pp. mar. rouge, dos orné, encad. de fil. droits et courbés, milieux dorés, dent. int., tr. dor. (*Lortic.*)

Édition originale.
Bel exemplaire.

7 — Le Festin de Pierre, comédie. Édition nouvelle et toute différente de celle qui a paru jusqu'à présent. *A Amsterdam*, 1683, pet. in-12 de 3 ff. prél. y compris la figure et 72 pp. mar. rouge, dos orné, fil. doublé de mar. grenat, comp. de fil. courbés et entrelacés, dent., tr. dor. (*Niedrée.*)

Édition rare qui contient, pour la première fois, *la Scène du pauvre* et celles qui précèdent du 3e acte, imprimées dans leur entier.

Bel exemplaire. — Haut., 136 millim.

8 — Ismène et Ismenias, roman grec. *Paris, de l'imprimerie de Didot l'Aîné*, 1780, in-18, mar. rouge, dos orné, fil. et pet. dent. sur les plats, tr. dor. (*Thouvenin.*)

Figures ajoutées.
Bel exemplaire.

9 — Les Songes drolatiques de Pantagruel, où sont contenues plusieurs figures de l'invention de maistre François Rabelais et dernière œuvre d'icelui pour la récréation des bons esprits. *A Paris, par Richard Breton*, 1565, pet. in-8° mar. rouge, dos et plats mosaïqués, mar. bleu, citron et rouge, entièrement dorés aux petits fers, fil. droits et courbés, pointillés, doublé de mar. vert, large dent. tr. (*Duru 1850.*)

Recueil de figures grotesques gravées sur bois avec habileté, dans lesquels on a cru voir une interprétation du roman célèbre de Rabelais.

Le volume se compose de 56 ff., le dernier blanc, signatures : A.-G. par 8.

Bel exemplaire, très riche reliure.

10 — Histoire du Chevalier des Grieux et de Manon-Lescaut (par l'abbé Prévost). *Amsterdam (Paris, Didot*), 1753, 2 vol. in-12 réglés, fig., mar. vert, dos ornés, large dent. sur les plats, tr. dor. *Trautz-Bauzonnet*.)

Édition définitive de ce roman célèbre, la dernière publiée par l'auteur.

Très bel exemplaire, imprimé sur papier de Hollande, provenant de la bibliothèque de M. Double.

Huit très jolies figures par Gravelot et Pasquier, gravées par Lebas et une vignette, qui est la même pour la première et la seconde partie.

11 — Vingt volumes. Théâtre de Labiche; Théâtre de A. Laya, Haraucourt. Légende des Sexes, etc.

TABLEAUX, DESSINS

CHAPLIN (Ch.)

12 — *Étude de Femme, à demi-nue et vue de dos.*

Aquarelle. Encadrée.

CRAFTY

13 — *Cheval debout.*

Aquarelle. Encadrée.

LINDER

14 — *Jeune Femme assise dans la campagne.*

Aquarelle. Encadrée.

PŒLENBURG

15 — *Femmes au bain dans la campagne.*

Panneau.
Cadre ancien en bois doré.

POLLET

16 — *Vénus Anadyomène.*

Aquarelle, d'après Ingres. Encadrée.

PUVIS DE CHAVANNES

17 — *La Source.*

Dans une clairière, la Source, sous les traits d'une jeune femme à demi-nue, converse avec un jeune adolescent appuyé à un arbre et tenant un arc, tandis que l'eau jaillissant remplit son amphore.

Toile. Encadrée.

Haut., 34 cent ; larg., 27 cent.

REDOUTÉ

18 — *Bouquet de fleurs.*

Aquarelle. Signée.

ROPS (Félicien)

19 — *Étude de Femme nue.*

Dessin.

VAN LOO (L.-M.)

20 — *Portrait de Jeune Femme.*

En buste, de face, en corsage rose avec collier de perles.

Signé et daté 1761.

Toile ovale.

Cadre en bois doré.

Grand diamètre, 60 cent.
Petit diamètre, 50 cent.

20

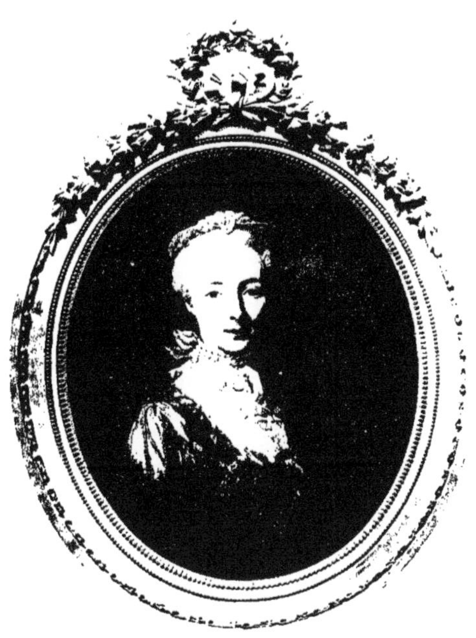

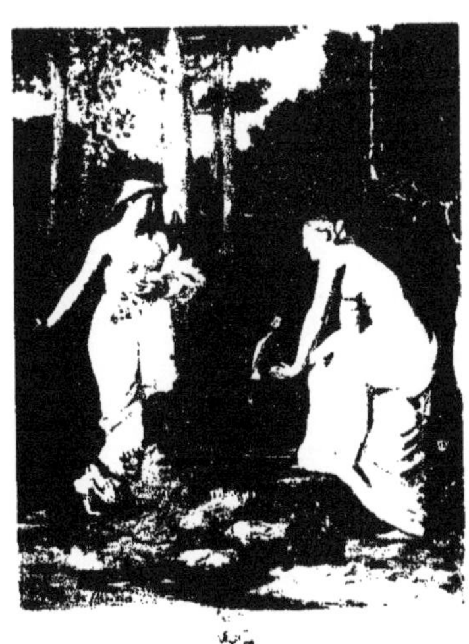

Phototypie Berthaud, Paris

ÉCOLE HOLLANDAISE

21 — *Portrait d'Homme.*

Presque de face, en buste, vêtu de noir avec fraise.

Panneau. Cadre en bois noir gravé et guilloché.

ÉCOLE MODERNE

22 — *Portraits de Chiens.*

Deux peintures sur panneaux. Encadrées.

ÉCOLE MODERNE

23 — *Clairon d'infanterie.*

Dessin. Encadré.

ÉCOLE MODERNE

24 — *Le Bivouac.*

Aquarelle.

25 — *Personnage sur un âne.*

Dessin rehaussé de couleurs.
Encadré.

26 — Quatre gravures : *Suzanne au bain*, etc.

Encadrées.

27 — Deux pièces en couleurs : *la Toilette de nuit, l'Amour veut corriger Vénus.*

FAIENCES ET PORCELAINES

28 — Coupe surbaissée en ancienne faïence de Perse, décor bleu.

29 — Bol, orné de zones intérieures. Ancienne faïence de Perse.

30 — Coupe, décor bleu. Même faïence.

31 — Bol, décoré en bleu. Même faïence.

32 — Vase ovoïde, en terre vernissée, à couverte verdâtre ; décor de fleurs et inscriptions sur fond noir. Ancien travail persan.

33 — Petit plat rond en ancienne faïence hispano-mauresque ; décor à reflets métalliques : feuilles et motifs rayonnants.

34 — Plat rond, à ombilic, en ancienne faïence hispano-mauresque ; décor à reflets métalliques : inscription simulée et faux godrons.

35 — Plat rond, à ombilic, en ancienne faïence hispano-mauresque ; sur l'ombilic, la lettre M. Au marli, un motif rayonnant.

36 — Plat rond, à ombilic, en ancienne faïence hispano-mauresque, décor en bleu et à reflets métalliques : feuillages et motifs irréguliers.

37 — Cornet de pharmacie en ancienne faïence de Faenza, à décor de feuillages.

38 — Cornet de pharmacie en ancienne faïence de Faenza, à décor de zones en bleu, vert et jaune d'ocre.

39 — Coupe sur piédouche en ancienne faïence de Deruta, décor bleu et à reflets métalliques : moulures simulées.

40 — Plat décoré en bleu : personnage et paysage. Ancienne faïence de Savone.

41 — Fontaine, formée d'une statuette de Bacchus sur un tonneau. Rouen.

42 — Plateau ovale en faïence, genre Palissy : la Belle Jardinière.

43 — Coupe ajourée. Même faïence.

44 — Jacqueline, formée d'une statuette de paysanne assise, en ancienne faïence de Delft.

45 — Jacqueline, formée d'une statuette de paysan assis, en ancienne faïence de Delft.

46 — Deux petits vases, avec couvercles, en ancienne faïence de Delft; décor polychrome et or : haies fleuries de style japonais.

47 — Deux petites cruches en ancien grès allemand.

48 — Statuette en biscuit : la Baigneuse, de Falconnet.

49 — Écuelle, avec couvercle et plateau, à décor de fleurs, en ancienne porcelaine de Saxe.

50 — Sucrier, avec couvercle, décor en bleu : arbustes et oiseaux. Année 1757. Ancienne porcelaine tendre de Sèvres.

51 — Paire de potiches, avec couvercles forme lisbé, en ancienne porcelaine de Chine ; décor bleu : feuilles et oiseaux, avec bandes en spirale.

Haut., 53 cent.

OBJETS VARIÉS

52 — Statuette de personnage chinois en racine.

53 — Boite ovale en bronze du Tonkin.

54 — Vase piriforme en bronze patiné, orné de deux zones en émail cloisonné. Ancien travail chinois.

55 — Monstrance, en forme de clocheton sur pied à nœud ; cuivre avec traces de dorure. XIIIe siècle.

56 — Monstrance, en forme de clocheton, sur pied à feuillages ; décor de zones ajourées ; cuivre doré. XIVe siècle.

57 — Chef-reliquaire en cuivre battu, avec traces d'argenture, en forme de buste de sainte femme. XVIe siècle.

58 — Coffret porte-missel, couvert d'un réseau, en fer repercé. XVIe siècle.

59 — Coffret, revêtu de cuir doré, à sujets de chasse. XVIe siècle.

60 — Coffret en cuir noir gravé. XVIe siècle.

61 — Coffret en fer gravé à l'eau-forte, à décor d'oiseaux. XVIIe siècle.

62 — Reliure en cuir fauve doré aux armes d'un pape. XVIIIe siècle.

63 — Boite longue, revêtue de cuir doré du XVIIIe siècle.

64 — Petite reliure en cuir fleurdelisé, avec inscription : la Loi et le Roi. Fin du XVIIIe siècle.

65 — Horloge en cuivre ajouré et repoussé. Allemagne. XVIIe siècle.

66 — Petit miroir dans un cadre en cuivre repoussé et doré, à figures religieuses, du XVIIe siècle.

67 — Miniature : la Maitresse de Philippe II d'Espagne, d'après le Titien.

68 — Miniature provenant d'un manuscrit : Suzanne au bain. xve siècle.

69 — Très petite coupe en argent; anses plates à mascarons.

70 — Petite tasse à déguster en argent.

71 — Boite ronde godronnée en argent. Couvercle en cristal.

72 — Pyxide en argent doré, présentant une inscription ; couvercle godronné en spirale. Espagne. Fin du xve siècle.

73 — Gobelet en argent uni, reposant sur trois petits lions. Commencement du xve siècle.

74 — Petite monstrance en cristal de roche et filigrane d'argent doré ; de forme aplatie et contournée, elle est portée sur un pied-balustre à pans. xviie siècle.

75 — Figurine, en argent, de saint personnage debout, les mains jointes. xviie siècle.

76 — Quatre très petits chandeliers variés en argent. xviie siècle.

77 — Bonbonnière ronde en argent gravé. Époque Louis XVI.

78 — Petit support ovale, contenant un tiroir orné d'une galerie en argent. Commencement du XIXe siècle.

79 — Gobelet fleurdelisé en verre incolore. XVIe siècle.

80 — Deux verrières ornées de six fragments de vitraux polychromes : bustes, personnages et motifs d'architecture. XVe et XVIe siècles.

81 — Petit couteau à poignée d'ivoire et fourreau de cuir. XVIIe siècle.

82 — Manche de cuiller en ivoire, à figures allégoriques. XVIIe siècle.

83 — Chien assis en plomb. XVIIe siècle.

84 — Sceau de sainte Claire de Beaulieu.

85 — Petit plat en étain aux électeurs d'Empire. XVIIe siècle.

86 — Couteau de chasse, à poignée de corne de cerf sculptée ; lame gravée. XVIIIe siècle.

87 — Trépied en fer. XVIIe siècle.

88 — Petit lustre en fer, à six lumières, avec clocheton au centre.

89 à 91 — Lot d'épingles de cravates, boutons de chemises, etc.

ÉMAUX

92 — Croix en cuivre champlevé et émaillé de Limoges, XIIe siècle, présentant le Christ avec le Soleil et la Lune de chaque côté de son visage. Aux extrémités de la croix, un ange, saint Pierre, la Vierge et saint Jean, vus en buste. Émaux bleus, verts, jaunes, blancs et rouges. Revers gravé.

Haut., 40 cent.; larg., 24 cent.

93 — Pyxide en cuivre champlevé et émaillé de Limoges, à décor de rosaces et fleurons sur fond bleu. XIIIe siècle.

94 — Pyxide en cuivre champlevé et émaillé de Limoges, à décor de fleurons et médaillons contenant des bustes d'anges; fond bleu. XIIIe siècle.

95 — Petite châsse en cuivre champlevé et émaillé de Limoges, décorée de médaillons contenant des bustes d'anges séparés par des rinceaux et se détachant sur fond bleu. XIIIe siècle.

Larg., 16 cent.

96 — Plaquette de harnais en cuivre champlevé et émaillé, ornée d'une couronne. XIIIe siècle.

97 — Gobelet en émail peint de Limoges : armoiries et allégories. XVIIe siècle.

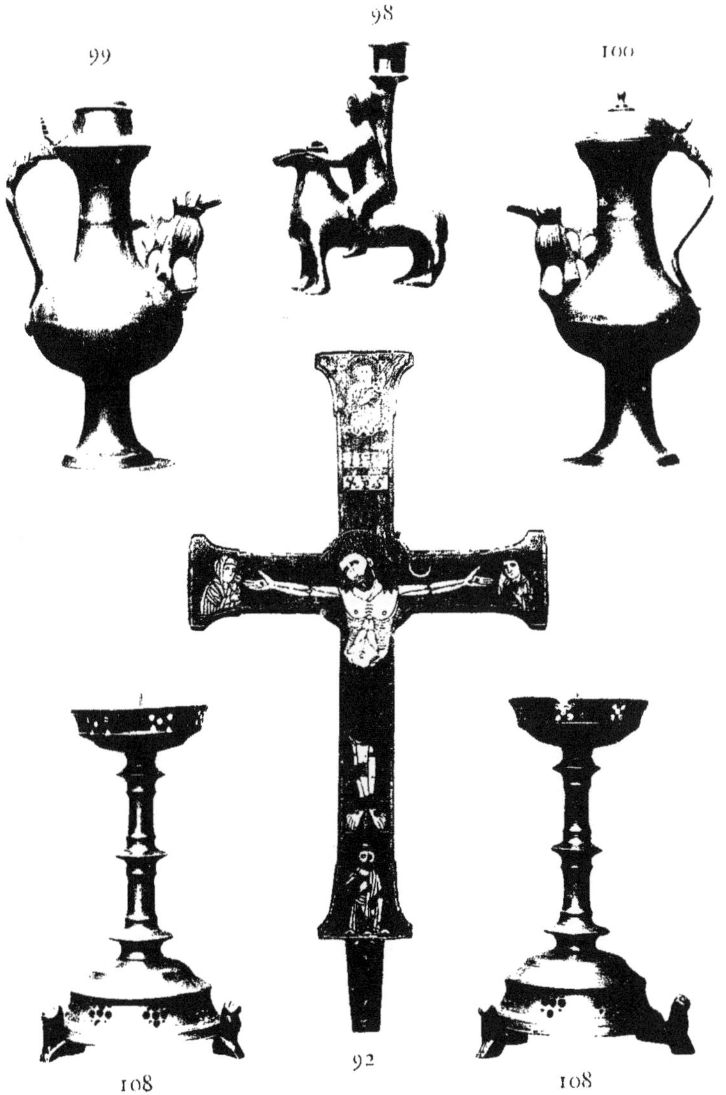

Phototypie Berthaud, Paris

DINANDERIE

98 — Deux petits chandeliers en dinanderie, en forme de personnage monté sur un cheval. XIVe siècle.

Haut., 15 cent. et 16 cent.

99 — Aiguière en dinanderie, décorée de moulures, piédouche uni, anse en forme de basilic, déversoir composé d'un lion assis. XIVe siècle.

Haut., 25 cent.

(Vente Desmottes.)

100 — Autre aiguière analogue.

(Vente Desmottes.)

101 — Plat en dinanderie : Saint Georges et le dragon. XVe siècle.

102 — Chien-applique assis, en dinanderie. XVIe siècle.

103 — Figurine en dinanderie : personnage debout, les mains jointes. XVIe siècle. Base formant sonnette.

104 — Figurine, en cuivre : ange debout. XVIe siècle.

105 — Deux petits vases en dinanderie. XVIIe siècle.

106 — Monstrance, en forme de clocheton, avec contreforts et sur pied lobé. Dinanderie. XVIe siècle.

107 — Deux petits chandeliers en dinanderie, en forme de cerfs. XVIe siècle.

108 — Deux chandeliers en dinanderie à bases et plateaux ronds repercés, et à petits pieds en forme de lions. XVIe siècle.

109 — Deux très petits chandeliers en dinanderie. XVIe siècle.

110 — Deux chandeliers en dinanderie, tige moulurée, base ronde et plateau à galerie ajourée. XVIe siècle.

111 — Petit plat en dinanderie, orné d'un cerf. XVIIe siècle.

112 — Deux plats ronds en dinanderie, ornés, au centre, de godrons obliques. XVIIe siècle.

113 — Deux très petits chandeliers en dinanderie, bases en forme de cloches. XVIIe siècle.

114 — Petit plat rond en dinanderie, orné d'un cerf au centre. XVIIe siècle.

115 — Deux bras-appliques à une lumière en dinanderie.

BOIS SCULPTÉS, PIERRES

116 — Deux portes en chêne sculpté, formées de panneaux gothiques à serviettes repliées et fenestrages.

Haut., 2 m. 30 cent.; larg., 72 cent.

117 — Porte en chêne sculpté, à serviettes repliées, fenestrages, clochetons et arc en accolade. En partie du commencement du XVIe siècle.

Haut., 2 m. 70 cent.

118 — Cheminée en chêne sculpté, à linteau orné d'un écusson armorié placé sous une accolade; montants en pierre sculptée à colonnettes surmontées de personnages, ces dernières du XIVe siècle.

Larg., 1 m. 65 cent.

119 — Grand groupe en chêne sculpté : la Vierge debout, couronnée, vêtue d'un ample drapeau, tient sur le bras gauche l'Enfant Jésus portant une chemisette. France, XIVe siècle.

Haut., 1 m. 20 cent.

120 — Panneau composé de trois fenestrages gothiques, séparés par des contreforts; bois ajouré et doré. Fin du XVe siècle. Monté sur fond de bois peint en bleu.

121 — Six fenestrages gothiques de même travail.

122 — Encadrement en bois ajouré et doré, composé de deux montants et d'un dais à quatre arceaux en accolade. Fin du xve siècle.

123 — Bas-relief en bois sculpté, peint et doré; composition symbolique de treize personnages disposés sur une montagne couronnée d'une ville fortifiée. A la partie supérieure, le Christ bénissant. Flandres, commencement du xvie siècle.

Haut., 76 cent.; larg., 76 cent.

124 — Haut-relief sans fond en bois sculpté : Femme étendue sur un lit de repos, les mains jointes. Flandres, commencement du xvie siècle.

Haut., 27 cent.; larg., 35 cent.

125 — Devant de coffre en bois sculpté, décoré d'arcades gothiques, ornées de fleurons; serrure à moraillon. Commencement du xvie siècle.

Larg., 1 m. 65 cent.

126 — Petit buste, en bois sculpté et peint, de jeune femme, les cheveux nattés, en partie couverts d'une résille, vêtue d'un corsage décolleté avec chemisette. Commencement du xvie siècle.

Haut., 32 cent.

127 — Encadrement, en forme d'arcade, en bois ajouré, sculpté, peint et doré, présentant, au milieu de branchages, huit figures de prophètes et saints personnages. xvie siècle.

Haut., 1 m. 60 cent.; larg., 1 m. 30 cent

127

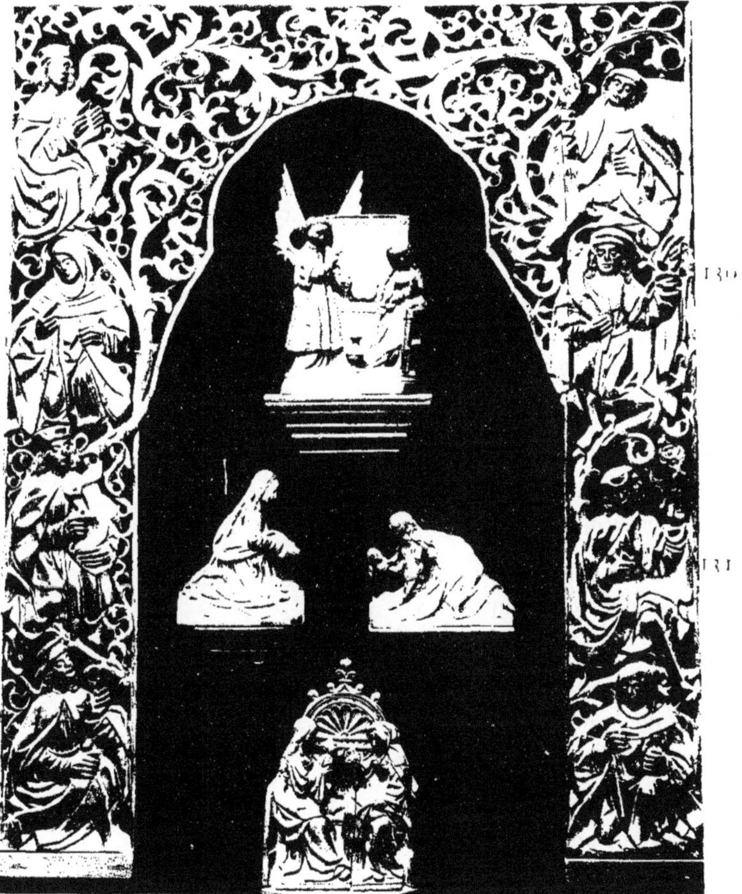

134

Phototypie Berthaud, Paris

128 — Groupe en bois sculpté, peint et doré : le Christ aux limbes; composition de dix personnages. XVIe siècle.

129 — Haut-relief sans fond : cavalier monté sur un cheval gris. Bois sculpté, peint et doré. XVIe siècle.

130 — Groupe-applique en bois sculpté, peint et doré : l'Annonciation. XVIe siècle.

131 — Deux statuettes-appliques provenant d'un calvaire, en bois peint et doré : la Vierge et sainte Madeleine agenouillées, richement vêtues. Flandres, XVIe siècle.

132 — Statuette, en chêne sculpté, de sainte femme debout tenant un vase; elle est vêtue d'une ample draperie. XVIe siècle.

133 — Deux colonnettes en bois sculpté et peint : fûts ornés de pampres. XVIe siècle.

Haut., 1 m. 70 cent.

134 — Haut-relief en bois sculpté, peint et doré. Sainte Anne, la Vierge et l'Enfant-Jésus. Flandres. XVIe siècle.

135 — Buste d'évêque, en chêne sculpté, la tête de face, portant la mitre. XVIe siècle.

Haut., 48 cent.

136 — Statuette-applique de Sainte Femme debout en prières. Bois peint. XVIe siècle.

137 — Bas-relief en bois sculpté et peint représentant une accouchée. Composition de quatre personnages. Allemagne. XVIe siècle.

138 — Deux statuettes en bois sculpté : Cérès et Pluton représentés debout et nus. Fin du XVIe siècle.

139 — Statuette, en bois sculpté, de Diane debout, entièrement nue, portant un carquois et tenant un arc et une flèche.

140 — Bas-relief sans fond, en bois sculpté : personnage à corps terminé par un mascaron chimérique. XVIIe siècle.

141 — Petit bas-relief en bois sculpté, aux armes d'un prélat. XVIIe siècle.

142 — Petite boite oblongue en bois sculpté. Travail de *Bagard, de Nancy*. XVIIe siècle.

143 — Boite octogone décorée de rinceaux. Même travail.

144 — Deux flambeaux en bois sculpté, à rinceaux. Même travail.

145 — Boite oblongue, à rinceaux et monogramme. Même travail.

146 — Grande râpe à tabac, en bois sculpté, à décor de feuillages, cartouche et couronne. XVIIIe siècle.

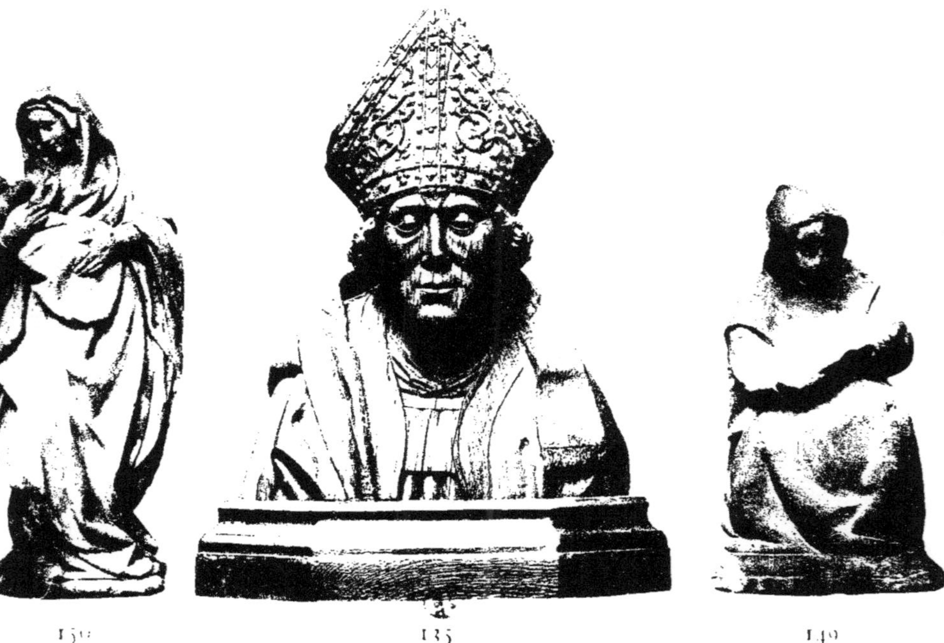

130 135 140

Phototypie Berthaud, Paris

147 — Deux petits socles-appliques, figures d'angelots, en bois sculpté.

148 — Bas-relief en albâtre, rehaussé de peinture : l'Annonciation. xve siècle. Encadré.

149 — Statuette-applique, en pierre sculptée, de moine assis et lisant. Bourgogne. xve siècle.

150 — Petit groupe en pierre sculptée : la Vierge debout, tenant l'Enfant-Jésus enveloppé dans les plis du grand manteau dont elle est vêtue. Bourgogne. xvie siècle.

151 — Petit groupe-applique, en pierre sculptée, de deux personnages vêtus d'amples draperies et tenant, l'un un phylactère, l'autre un volumen. xvie siècle.

BRONZES

152 — Chandelier en bronze patiné, sur base ronde à petits pieds-griffes. xive siècle.

153 — Encrier en forme de coupe surbaissée, à décor de fleurs de lis. Bronze patiné. xvie siècle.

154 — Très petit mortier en bronze. xvie siècle.

155 — Mortier fleurdelisé, orné de mascarons. Métal de cloche. Fin du xvie siècle.

156 — Paire de chenets, décorés de sphères à bossages, côtes et feuillages. Époque Louis XIII.

157 — Encensoir en bronze, décoré de rinceaux.

158 — Bas-relief en bronze doré : Femme vue à mi-corps, occupée à coudre ; elle porte le costume allemand du XVIIe siècle.

159 — Deux figurines en bronze : Napoléon Ier et le Grand Frédéric.

160 — Très petit buste en bronze de la Dubarry.

161 — Statuette en bronze de femme nue étendue.

162 — Éléphant courant de *Barye*. Bronze de *Barbedienne*.

163 — Deux lampes en céramique flambée et bronze.

MEUBLES

164 — Niche en bois sculpté, peint et doré, décorée, au fond, de six figures de martyrs debout sur fond bleu. Elle est fermée à la partie supérieure par un arc en accolade. XVe siècle.

Haut., 1 m. 28 cent. ; larg., 75 cent.

165 — Meuble d'angle à hauteur d'appui en chêne sculpté ; la porte est formée d'un panneau à fenestrages gothiques de la fin du xve siècle.

166 — Banquette formant coffre en chêne sculpté ; dossier élevé, côtés et façade à serviettes repliées. En partie du commencement du xvie siècle.

Haut., 1 m. 68 cent.; larg., 1 m. 08 cent.

167 — Meuble à hauteur d'appui, à trois portes, en chêne sculpté, décor de serviettes repliées ; serrures, verrous et pentures en fer. En partie du commencement du xvie siècle.

Haut., 1 m. 30; larg., 1 m. 55 cent.

168 — Dressoir en bois sculpté à deux portes et un tiroir, décor de bustes et grotesques. Base à fond plein. En partie du xvie siècle.

169 — Escabeau en bois sculpté, dossier ajouré, décoré de figures et de rosaces. xvie siècle.

170 — Escabeau en bois sculpté, décoré, au dossier, de têtes et de moulures contournées. xvie siècle.

171 — Cabinet, en bois clair, avec incrustations d'étain gravé, à dessin de rinceaux. Il ferme à deux portes et est muni de nombreux tiroirs. xviie siècle.

172 — Lit à baldaquin, et colonnettes torses, avec

dossier de chevet en bois sculpté, tour de lit en damas vert. En partie du XVIIe siècle.

173 — Chaise en chêne sculpté, à dossier orné de feuillages et de deux balustres. Siège formant coffre. XVIIe siècle.

174 — Fauteuil, à haut dossier, en bois tourné et sculpté; accotoirs à mascarons chimériques; siège et dossier couverts en tapisserie. XVIIe siècle.

175 — Fauteuil en bois sculpté, à quadrillés et coquilles. Époque Régence.

176 — Table de nuit, à tiroir et porte à coulisse, bois de placage; dessus de marbre brèche d'Alep. Fin de l'époque Louis XV.

177 — Armoire en bois sculpté à moulures et feuillages avec panneaux en marqueterie de bois de couleurs, à décor d'étoiles, XVIIIe siècle.

178 — Table-bureau en acajou garnie de cuivre. Époque Louis XVI.

179 — Table rectangulaire, à un tiroir, en marqueterie de bois de couleurs, à quadrillés et feuilles.

180 — Chaise couverte en ancien damas rouge avec galon jaune.

181 — Tabouret de pieds oblong, canné, en bois sculpté.

182 — Fauteuil en bois tourné et sculpté, bras terminés en volutes, couvert en tapis d'Orient.

183 — Miroir biseauté, dans un cadre en bois noir guilloché.

184 — Miroir, dans un cadre en chêne sculpté.

ÉTOFFES, TAPISSERIES

185 — Bandeau en satin avec applications de velours rouge, à motifs réguliers. Italie. XVIe siècle.

186 — Quatre coussins en satin jaune, avec applications de velours bleu. Ancien travail italien.

187 — Portière formée d'un fragment de tapisserie présentant des arbustes et des gerbes de fleurs sur fond vert. Flandres. Fin du XVe siècle.

Haut., 2 m. 20 cent.; larg., 1 m. 25 cent.

188 — Fragment de tapisserie-verdure, à larges feuilles avec oiseaux sur fond vert. Flandres. Fin du XVe siècle.

Haut., 1 m. 80 cent.; larg., 78 cent.

189 — Bandeau en tapisserie flamande de la fin du XVe siècle, à fleurs et oiseaux sur fond gros bleu.

Haut., 38 cent.; larg., 1 m. 20 cent.

190 — Fragment de tapisserie-verdure à fleurs : chien et oiseaux, sur fond gros-bleu. Flandres. Commencement du XVIe siècle.

Haut., 90 cent.; larg., 1 m. 5 cent.

191 — Fragment de tapisserie flamande du XVIe siècle : buste de cardinal.

192 — Tapisserie-verdure flamande du XVIIIe siècle, avec oiseaux et habitations, bordure à fleurs.

Haut., 2 m. 75 cent.; larg., 1 m. 40 cent.

193 à 196 — Quatre carpettes d'Orient.

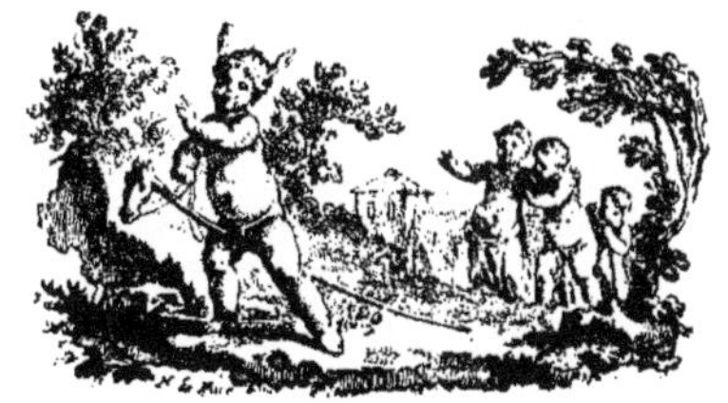

www.ingramcontent.com/pod-product-compliance
Ingram Content Group UK Ltd.
Pitfield, Milton Keynes, MK11 3LW, UK
UKHW020507180726
13839UKWH00004B/1943